Christa Meves · Jugend und Ehe

Christa Meves

Jugend und Ehe

Die Frühehe –
Gefährdungen und Chancen

R. Brockhaus Verlag Wuppertal

R. Brockhaus Taschenbuch Bd. 279

Umschlagfoto: TEASY – ZEFA
Gesamtherstellung: Breklumer Druckerei Manfred Siegel

ISBN 3–417–20279–5

INHALT

I. Die Frühehe – Gefährdungen und Chancen

Die Jugend von heute ist – zumal ihr vom Gesetzgeber ab 18 Jahren Mündigkeit zuerkannt ist – eine voll emanzipierte Gruppe, die neue Lebensformen probiert. Dazu gehören auch neue Versuche mit Ehe und Lebensgemeinschaft. Oft wird sehr viel früher geheiratet. Viele Paare leben in der sogenannten Vorehe zusammen. Wie wirken sich diese Versuche aus? Was kann die Praxiserfahrung mit jungen Menschen an Erkenntnis einbringen? Dieser Fragestellung ist der folgende Beitrag nachgegangen.

Er legt die Beine auf den Tisch

Die neunzehnjährige Anita ist ihrem Mann davongelaufen. Eines Morgens hat sie den ein Jahr alten Holger in eine Tragetasche gepackt, ihn bei ihren Eltern abgegeben und sich ein Zimmer und einen Arbeitsplatz in der nahen Kreisstadt gesucht – nach zweijähriger Ehe. Jetzt erhebt ihr einstiger

Mann den Anspruch auf das Sorgerecht für das Kind. *Beide* wollen nach der Scheidung das Kind haben; deshalb hat der Vormundschaftsrichter Holger und die ehemaligen Eheleute zur Begutachtung zu mir geschickt.

»Ich habe meinen Mann einfach über«, sagt Anita. »Nein, nicht daß er irgendwie böse war; aber er war so langweilig, immer war er abends müde, legte die Beine auf den Tisch, stellte sein Glas Bier neben sich und sah fern. Da war gar nichts zu machen.«

Sie will sich nur amüsieren

»Sie wäre am liebsten jeden Abend tanzen gegangen«, klagt der verlassene Ehemann, ein zwanzigjähriger Zimmermannsgeselle. »Das konnten wir doch gar nicht. Da war zuerst die Schwangerschaft, dann kam das Baby; das konnten wir doch auch nicht einfach abends allein lassen. Aber das war ihr alles egal. Sie hatte gar keinen Sinn für Mutterpflichten oder Anpassung an die Wünsche eines Mannes. Sie wollte sich nur amüsieren. Das verstand sie unter Ehe. Die kann dem Jungen gar keine richtige Mutter sein. Hätte ich das bloß alles rechtzeitig gemerkt! Sie war eben einfach noch gar nicht reif für die Ehe.«

Liebe auf den ersten Blick

Hier hat »jung gefreit« offenbar sehr bald »gereut«, wie in zunehmend mehr Fällen im gesamten Deutschland. Besonders hoch ist die Quote der Frühehen in der DDR, besonders hoch ebenso die Scheidungsquote. Die jungen Menschen, die die Ehe schlossen, bestehen hier wie dort in einer großen Zahl von Fällen die Bewährungsprobe nicht, jedenfalls führen diese Ehen oft nicht dazu, wozu sie doch im Ansatz gedacht waren: zu einer lebenslänglichen Bindung zu zweit.

In vielen Fällen geht es meiner Erfahrung nach dabei ähnlich zu wie bei Anita und Bert:

Man ist bald enttäuscht voneinander,
man möchte ein so seßhaftes Familienleben im Grunde noch gar nicht führen;
man fühlt sich blockiert und bricht aus.

Diese Gefahren sind bei der Heirat zweier sehr junger Menschen deshalb größer, als wenn die Verbindung erst im dritten Lebensjahrzehnt begonnen hat, weil unsere Jugend heute insgesamt einen wesentlich freieren, beweglicheren Lebensstil zu führen pflegt. Die meisten jungen Menschen haben mehr Zeit, mehr Geld und mehr Möglichkeit, während der Schul- und Ausbildungsjahre das Leben zu probieren – auf Reisen, in Jugendgruppen, Geselligkeiten. Man hat heute auch wesentlich mehr Gelegenheiten, gegengeschlechtliche Freundschaften zu schließen und ein wenig zu ertasten, auszuprobieren, wer etwa zu einem paßt. Das alles fällt fort, wenn man sich an seine »Liebe auf den ersten Blick« sogleich durch Heirat bindet. Nun ist man zunächst einmal auf Gedeih und Verderb aneinandergekettet.

Das Joch

»Wir wohnen im ersten Stock in einem Haus an der Hauptstraße«, sagt eine achtzehnjährige Mutter zu mir, »von da aus kann ich sehen, wie die Paare aus dem Bus steigen und miteinander ins Kino gehen, wie sie auf dem Motorrad zusammen losbrausen oder im offenen Kabriolett. Und ich sitze hier oben und habe überhaupt noch nichts vom Leben gehabt.«

Dieses Argument wird mir häufig von jungen, unzufriedenen Eheleuten vorgetragen: daß sie das Gefühl haben, das eigentliche Leben verpaßt zu haben.

Kürzlich sagte eine achtzehnjährige Ehefrau, die bereits zwei Jahre verheiratet war, zu mir:

»Bis zu meinem sechzehnten Lebensjahr habe ich gehorsam geschluckt, was die Eltern und Lehrer von mir forderten – davon wollte ich frei werden, so rasch wie möglich, und heiratete deshalb Manfred; denn der drängelte so und hatte auch eine gute Stelle als Polier. Aber heute sehe ich: Ich bin von einer Abhängigkeit in die andere geraten. Nun muß ich zu allem ja und amen sagen, was Manfred will. Ich kann das einfach nicht mehr aushalten!«

Sie raubt mir den letzten Nerv

Aber nicht immer sind es die jungen Frauen, die danach trachten, das verfrühte Ehejoch wieder abzuwerfen – den jungen Männern geht es oft nicht anders.

»Ich glaubte, sie heiraten zu müssen«, sagt ein Zwanzigjähriger, »sie war so hilflos, sie hatte so viel Ärger zu Hause. Ich wollte sie vor allem beschützen. Aber nun sehe ich, daß sie jede Situation problematisiert, daß sie mit nichts zurechtkommt, und Abend für Abend soll ich mir ihr Gejammer anhören. Dazu bin ich einfach zu jung. Ich will das Leben genießen. In der letzten Zeit werde ich selbst von dieser Stimmung zu Hause so deprimiert, daß mir nichts mehr glatt von der Hand geht. Wenn ich an mein Examen denke, wird mir ganz elend. Meine Frau raubt mir den letzten Nerv. Wie soll ich denn dabei arbeiten?«

Viele junge Paare stellen leider erst nach der Eheschließung fest, daß die Bindung aneinander nicht automatisch eine Lebenserleichterung ist, sondern daß die Ehe auch eine Aufgabe ist, für die man Kraft braucht, die unter Umständen auch Kraft *ver*braucht. Wenn dann die wirtschaftliche Unabhängigkeit noch nicht besteht, wenn dann gar sehr rasch ein Kind zu betreuen ist, dann ist das in vielen Fällen mehr, als ein sehr junges Paar verkraften kann.

Scheiden tut weh

Als ich ähnliche Erfahrungen kürzlich in einer Rundfunkdiskussion mit Jugendlichen äußerte, gab es freilich lebhaft Proteste.

»Wieso?« sagte eine junge Hamburgerin, »das macht doch nichts, deswegen braucht man doch nicht generell die Finger von der Frühehe zu lassen – wenn man nach ein paar Jahren merkt, daß es nicht geht, läßt man sich eben wieder scheiden.«

Gewiß, so läßt sich argumentieren.

Dennoch möchte ich zu bedenken geben: Warum heiratet man dann überhaupt erst, wenn man gar nicht die Absicht hat, lebenslang zusammenzubleiben? Meine Praxiserfahrung hat mich gelehrt: Scheiden tut in den meisten Fällen bitter weh, hat viel Kämpfen um Geld und Hausrat zur Folge, viel Ringen um das Sorgerecht und die Besuchsregelung der Kinder; man verletzt sich gegenseitig und schlägt, besonders bei den jungen Frauen, manchmal Wunden, von denen sie sich nicht wieder erholen.

Die Scheidung bei der Eheschließung einplanen, bedeutet, es für denkbar zu halten, daß man das Leben des Partners aufs Spiel setzt. Und für junge Ehepaare mit Nachwuchs ergibt sich dann auch noch die Frage nach der Verantwortung für die Kinder. Denn Scheidungswaisen verlieren in den meisten Fällen bei jungen Eltern Vater *und* Mutter, weil auch die Mutter wieder in den Beruf geht.

Die Pille – das Patentrezept?

Als ich mit den Jugendlichen jener Sendung über diese Frage nachdachte, sagte einer von ihnen:

»Wieso, was aus den Kindern wird, das ist doch dann nicht *mein* Problem als Vater. Dafür müssen eben die Ärzte oder der Staat sorgen.«

Die Antwort zeigte, daß dieser Achtzehnjährige noch nicht reif zur Ehe war. Denn dies gerade ist die Hauptvoraussetzung, um ein solches Abenteuer bestehen zu können: daß man für seine Frau, für die gemeinsamen Kinder Verantwortung übernimmt, daß man für sie sorgt und für sie geradezustehen gewillt ist.

Viele junge Paare entgegnen auf dergleichen Bedenken freilich sehr zugkräftig:

»Natürlich wollen wir erst Kinder haben, wenn wir eine geräumige Wohnung haben; dann können wir unseren Bedarf an Lebenshunger und Reiselust auch noch in *den* Ehejahren decken, in denen wir noch keine Kinder haben. Und solange nimmt die Frau eben die Pille.«

Kürzlich sprach ich mit einem solchen Paar: Vom siebzehnten bis zum fünfundzwanzigsten Jahr hatte die junge Frau die Pille geschluckt; aber nun war die Enttäuschung groß: denn der erwünschte Kindersegen trat nicht ein.

Langfristige, früh begonnene Pilleneinnahme führt nämlich manchmal zur nicht wieder aufhebbaren Unfruchtbarkeit! Auch für die Lösung dieser Probleme gibt es also noch keine absoluten Patentrezepte, auch sie bedürfen sorgsamer Verantwortlichkeit.

Voraussetzungen zu einer glücklichen Ehe

Damit will ich nun keineswegs behaupten, daß von der Frühehe grundsätzlich abzuraten wäre. Es gibt auch junge Paare, die nicht allein körperlich frühreif sind, sondern bei denen die seelisch-geistige Reife ebenfalls früh entstanden ist. Das ist aber nicht an der Fähigkeit und Möglichkeit zum Geschlechtsverkehr ablesbar, sondern an einer auch seelischen Liebesfähigkeit, das heißt der Fähigkeit, sich dem Partner anhaltend tief verbunden zu fühlen, ihm dankbar sein zu wollen, sich zu bemühen, ihm viel zuliebe zu tun, fürsorglich und achtungsvoll zu sein. Zur Reife dieser Art gehört das Bemühen, den anderen ernst zu nehmen, ihm zuzuhören, die verschiedenen Lebensaufgaben als gemeinsame Sache zu verstehen; gehört die

Möglichkeit zur Disziplinierung der eigenen Ansprüche in bezug auf die Zuwendung des Partners und Toleranz in bezug auf seine Eigenheiten.

Die Voraussetzung zu einer langen, glücklichen modernen Ehe besteht vor allem darin, sich gegenseitig mitzuteilen, das Gespräch miteinander sehr wach zu halten und sich fortgesetzt um ein Verstehen des anderen zu bemühen. Wird eine Ehe in frühen Jahren auf dieser Basis geschlossen, so hat sie besonders große Chancen für ein intensives Zusammenwachsen. Sie sind unvergleichlich viel größer, als wenn ältere Menschen, die schon sehr ausgeformt sind, sich zur Lebensgemeinschaft entschließen. Denn da der Mensch in der Adoleszenz (der Jugendzeit zwischen sechzehn und einundzwanzig Jahren) noch besonders beweglich ist, besteht bei Frühehen dieser Art auch die Möglichkeit zu einer besonderen gemeinsamen Entwicklung. Unter der Voraussetzung, daß die Ehepartner sich gegenseitig erhebliche Freiräume zubilligen, ist es möglich, sich freiwillig und in liebender Einfühlung intensiver aufeinander einzustellen, als das bei älteren Menschen möglich ist; denn die Gewohnheiten sind noch nicht so eingefahren, es läßt sich leichter ein gemeinsamer Lebensstil entwickeln.

Außerdem: Nicht jede junge Frau ist aufgrund ihrer Jugendlichkeit automatisch unfähig zur Erziehung von Kindern.

Eine junge Frau, die sich ihr Kind wünscht und bereit ist, sich auf dieses Kind einzustellen, hat oft auch die Möglichkeit, es besonders gut zu erziehen.

Darüber hinaus: Bei jungen Frauen ist das Risiko einer komplizierten Geburt geringer als bei Frauen, die älter als fünfundzwanzig Jahre sind.

Und junge Paare sind häufig kraftvoller und spontaner bei der Erziehung ihrer Kinder und haben dadurch mehr Chancen zur seelisch gesunden Entfaltung des Nachwuchses.

Ein Paar, das verhältnismäßig jung eine Familie gründet, hat die Kinder auch relativ früher flügge, so daß – etwa beim Zweikindersystem – auch die dreißigjährige Frau bereits wieder voll in einem geliebten Beruf arbeiten oder sich fortbilden kann und so den »Anschluß« nicht zu verpassen braucht.

Und auch eine »junge« Großelternschaft kann für die Enkel und die erwachsenen Kinder und Schwiegerkinder Lebensbereicherung bedeuten.

Die Erprobung – Probeehe?

Aber alle diese eben aufgezählten Chancen und Vorteile, die eine frühe Eheschließung haben könnten, werden nur auf jener bereits dargestellten Basis zum Tragen kommen können: Wenn mit Besonnenheit und in einer nicht allzu kurzen Verlobungszeit hinlänglich geprüft worden ist, ob die seelisch-geistige Frühreife, die heute eine Seltenheit geworden ist, bei beiden Partnern besteht und ob man wirklich zusammenpaßt.

Das läßt sich nicht einfach »erfühlen« (das Gefühl täuscht sich hier leicht), das muß man miteinander zu erproben suchen. Das sich gegenseitige Erfahren in Belastungssituationen ist dafür zum Beispiel geeignet. Generell bietet das Erproben von Alltag sehr viel handfestere Kriterien als etwa nur das gemeinsame Erleben von Sexualität in Feiertagsstimmung.

Ehe ist keineswegs Geschlechtsgemeinschaft allein. Ob man es miteinander dreißig, ja fünfzig Jahre aushält, mehr noch: ob man lebenslänglich unzertrennlich und glücklich miteinander leben kann, das will bedachtsam ertastet werden. Der Vers des alten Friedrich Schiller aus seinem Lied von der Glocke ist deswegen keineswegs überholt, sondern immer noch bedenkenswert: »Drum prüfe, wer sich ewig bindet, ob sich das Herz zum Herzen findet . . .« Aus Einsichten dieser Art ergibt sich die Frage: Ist dann nicht für unsere jungen Leute die Probeehe eine Lösung der Probleme? Dieser Frage soll im folgenden Abschnitt nachgegangen werden.

II. Die Vorehe und ihre Probleme

Die Schrägstrich-Ehe in der Wohnblockanonymität

Vor einigen Wochen erhielt ich von einem nachdenklichen Leser folgenden Brief:

»Ich habe ein Problem und möchte Ihnen das darstellen: Ein großer Wohnblock hat sich unweit von uns hier aus der Erde erhoben. Betonwände, Fenster, Balkons. In schöner, langweiliger Regelmäßigkeit wiederholt sich das bis ins 13. Stockwerk. Unten am Hauseingang befindet sich eine Klaviatur von Klingelknöpfen. Zu jedem Knöpfchen ein Schildchen. Sachlich korrekt die einen, nachlässig hingeklebt die anderen. Hier in dieser 13-Stockwerk-mal-3-Wohnungen-Anonymität gilt ein Name wenig, nicht viel oder gar nichts. Schildchen neben Schildchen fein unsäuberlich in 3 mal 13 Reihen über Briefkastenklappen nebeneinandergereiht. Und da frage ich mich, wo der Name nicht gilt, wieviel gilt da noch der Mensch?

Mit der sich ausweitenden Wohnblockanonymität fällt auch der Rang jeglicher Individualität.

Und dann gewahre ich noch etwas, was noch vor wenigen Jahren nur vereinzelt zu vermerken war. Der Namen sind hier weit mehr als Klingelknöpfe. Nicht Doppelnamen, nein doppelte Namen mit einem schrägen Strich voneinander getrennt.

Ich hatte Gelegenheit, die Hausgemeinschaft mit den 39 Klingelknöpfen und 52 Namen kennenzulernen. Bald schon stellte sich heraus, was sich hinter diesen Schrägstrich-Doppelnamen verbarg: Zweierwohngemeinschaften, voreheliche Hausgemeinschaften junger Menschen, die den Weg zur legalen Ehe noch nicht vollzogen haben. Hier in der Anonymität der Wohnsilo-Stadtschaft breiten sie sich aus, unbelästigt vom observierenden Klatsch der Nachbarn, frei von kritischen Blicken mißgünstiger Mitbewohner. Kurz: frei von altherkömmlichen Formzwängen.

Aber sind diese Art ›Schrägstrich-Ehen‹ wirklich frei? Ehen auf Unverbindlichkeit, Ehen auf Probe, Ehen auf Widerruf, Ehen auf bis . . . nein, nicht ›bis der Tod Euch scheide‹.

Dazu gibt es Bejahendes, praktisch Bejahendes. Aber es gibt da auch zu Bedenkendes, vielleicht sogar höchst Nachteiliges für zwei junge Menschen zweierlei Geschlechts, die sich lieben und deswegen zusammenziehen wollen.

Wir wissen heute, daß diese Entwicklung in vollem Schwunge ist. Junge Menschen fliehen aus ihren Elternfamilien in die Freiheit solcher Wohn-Zweisamkeiten hinein. Aber steckt nicht auch ein unzugestandener Drang nach Bindungsfreiheit dahinter? Ehe ohne Klammer! Ohne Klammer von Gesetz, Religion und Ghettoaufsicht. Wird da vielleicht in gefährlicher Nützlichkeitsabsicht die alles bewahrende Familie unterlaufen? Sind diese ›Schrägstrich-Ehen‹ den von Gesetz und Religion abgesicherten, geschlossenen Ehegemeinschaften gleichzusetzen?

Verhallen nicht all die Mahnungen zu mehr Mutter-, mehr Kindbezogenheit, mehr Geborgenheit im leeren Raum, wenn diese Geborgenheit ohne Gesetz und Segen simuliert wird?

Und was wird, wenn es einmal kriselt, wie es in jeder Ehe kriseln kann? Packt er dann sogleich und zieht davon? Sind sie wirklich gleich während und nach dieser Zweisamkeit? Empfindet sie nicht viel tiefer als er, wenn sie mit dem, was er zurückließ, sitzen bleibt? Und ist dann ein Kind da, welchen Status wird man ihm zuerkennen, wenn die Eltern auseinandergehen?

Ob sich diese jungen Menschen auch solche Fragen stellen, deren sichtbare Bindung lediglich ein schräger Strich ist?

Ich bin gewiß, daß es zu diesem Thema viel zu sagen gibt. Von der Kirche, von der Rechtsprechung und von der Psychologie.«

(Aus einem Brief von Heino v. Rantzau, Barsbüttel)

Die kinderlose Vorehe – ein Programm?

Auch mir scheint es in der Tat nötig, diese Probleme aufzugreifen; denn diese neuen Lebensformen sind heute schon sehr verbreitet. Sie werden von der Umwelt stillschweigend toleriert, sie werden kaum einmal kritisch unter die Lupe genommen, und mir sind keine psychologischen Untersuchungen über die Folgen solcher »Vor-Ehen« bekannt. Das Phänomen ist also weder der Allgemeinheit voll bekannt noch als Gefahr erkannt.

Margaret Mead hat diese Lebensform als einen Versuch, den absolut passenden Partner für eine spätere Ehe mit Kindern durch Erfahrung herauszufinden, vor etwa zehn Jahren propagiert; aber daß dieser ihr Vorschlag so rasch eine ebenso stille wie rasante Verbreitung erfuhr, ist sicher nicht darauf zurückzuführen, daß Margaret Mead einen solchen Einfluß entwickelte, sondern darauf, daß die »Pille« die Voraussetzung zu einer kinderlosen Vorehe schuf. Die Kenntnis über Verhütungsmittel, die materielle Selbständigkeit der jungen Frau durch ihre Berufsausübung und jener Zeitgeist, der das Recht auf Glück (und das heißt heute auf Sexualität) und Emanzipation zur obersten Prämisse erhoben hat, bewirkt, daß diese neue Lebensform sich so rasch so sehr verbreitet hat.

Nun ist es gewiß notwendig, die Frage zu prüfen: Ist das nicht vielleicht eine gute Sache? Bringt dieser Art zwischen seinem zwanzigsten und dreißigsten Lebensjahr zu leben nicht vielleicht doch die Möglichkeit zu guter Lebenserfahrung und weniger festgeschriebenem Unglück eines durch Heirat aneinandergeketteten Paares, das sich nicht liebt?

Der Mann als Gewinner

Dazu läßt sich sagen: Für den Mann mag die Sache zunächst manchmal positiv aussehen.

Er hat in dieser Jungmännerzeit, in der er sonst

aufgrund seiner starken Sexualität häufig ein unruhig Getriebener ist, die Möglichkeit zu einer geregelten »Triebabfuhr«, er hat meist sogar eine ihn zärtlich umsorgende Frau an der Seite, die ihn häufig durch ihren Verdienst mitversorgt, während er noch in der Ausbildung steht.

Er entgeht auf diese Weise einer oft quälend langen Abhängigkeit vom Elternhaus, der Abhängigkeit von einer manchmal den Sohn zäh festhaltenden »weich vergewaltigenden« Mutter, er entgeht der nicht selten demütigenden Situation, sich immer noch vom Vater maßregeln zu lassen und seine Befehle und Wünsche zähneknirschend befolgen zu müssen.

Wenn die Vorehe zerbricht, kann er nach seiner beruflichen Etablierung vielleicht doch zu der Verbindung mit einer jungen Frau kommen, die Zeit für die Familiengründung ist für einen Mann zwischen seinem dreißigsten und vierzigsten Lebensjahr noch nicht verpaßt.

Dennoch habe ich in jüngster Zeit im Einzelfalle die Erfahrung gemacht, daß für die jungen Männer der Nutzen so eindeutig keineswegs immer ist:

Wenn ein junger Mann, nachdem er von treusorgenden Eltern achtzehn bis zwanzig Jahre lang gewärmt worden ist, unmittelbar in das vorgewärmte Nest mit einer jungen Frau geht, er von deren Verdienst noch materiell versorgt wird, so besteht die Gefahr, daß das eine durch Verwöhnung schädigende Gemeinschaft wird: Er flieht aus dem Elternhaus, vor der durch Verwöhnung »verschlingenden großen Mutter«, und begibt sich in den Zauberbann einer jungen »Hexe«, von der er sich sexuell und materiell abhängig macht.

Der Mann als Verlierer

Die Gefahr, daß sein Impetus, seine geistige Entwicklung dann erlahmt, ist groß. Es ist sehr schwer, zum Abschluß einer Berufsausbildung zu kommen, wenn man so überwärmt ist! Deshalb ist es auch kein Zufall, daß in meiner Praxis in zunehmender Zahl junge Mädchen sitzen, die von ihren unangetrauten Ehemännern tief enttäuscht sind.

»Ich schufte den ganzen Tag im Büro«, sagte jüngst eine solche Zwanzigjährige zu mir, »er ›studiert‹ meist zu Hause. Wenn ich nach Hause komme, sitzt er hinter Bierglas und Fernsehen, die Beine auf dem Tisch, einsilbig, damit ich nicht auf die Idee komme, durch Reden das Programm zu stören. Zu was füttere ich eigentlich diese Made im Speck? Dabei kommt er mit seiner Ausbildung nicht einmal vorwärts. Aber die Last läßt er mich allein tragen: das Saubermachen, das Geldverdienen. Aber ich suche einen Mann, mit dem ich sprechen kann, der meine geistigen Interessen teilt!«

Es bleibt die bange Frage, ob der gleiche Mann nicht vielleicht ein geistig lebendiges Wesen geworden wäre, wenn er sich erst einmal in einer Phase des Alleinlebens den Wind von vorn hätte ins Gesicht blasen lassen.

Die Zeche zahlt die Frau

Aber nicht nur aus den eben beschriebenen Gründen sieht die Situation für die jungen Frauen meist ungünstig aus. Oft werden die Jahre zur Familienbildung einfach de facto verpaßt:

1. Manchmal macht die jahrelange Manipulation am Hormonhaushalt dann doch unfruchtbar.
2. Oft schwindet mit der Eingewöhnung in die berufliche Arbeit die Lust zur Lebensumstellung auf Familienmutter immer mehr. Und
3. bewirkt die Enttäuschung an den Erfahrun-

gen mit dem Mann in der Vorehe auch generell eine Abneigung gegen Männer überhaupt (ein gebranntes Kind scheut das Feuer), ja wie ich nicht selten erlebt habe, eine neumodische Sexscheu als Reaktion auf sexuelle Überforderung.

Die Zeche des modischen Experiments zahlt im allgemeinen wieder einmal die Frau, und zwar damit, daß sie letztlich doch zunehmend unglücklicher, zunehmend einsamer, zunehmend ausgenutzter und ihr Leben zunehmend sinnentleerter wird.

Ich bin der Meinung, daß das nicht nur in bezug auf das weibliche Geschlecht eine bedauerliche und eigentlich unmenschliche Entwicklung ist, sondern daß wir uns dies als Volk überhaupt nicht leisten können. Der so rasante Geburtenabfall geht ja zu großen Teilen zu Lasten dieser neuen Lebensregelung! Diese auf der Basis größtmöglicher Bequemlichkeit geschaffene Lebensform wird bewirken, daß die Versorgung solcher Egoisten im Alter durchaus in Frage gestellt ist. Unser Rentenprinzip beruht letztlich immer noch darauf, daß jeder Verantwortungsbewußte mit dafür gesorgt hat, daß junge Arbeitskräfte nachgeboren werden.

Die Kette der Generationen

Das ist das Bedenklichste; daß das Gucken über den Zaun des eigenen Ego abhanden zu kommen droht. Es findet zur Zeit eine »gefährliche Entpflichtung von Familienverbindlichkeiten« statt. Denn dieser Trend vollzieht destruktiv den Abbruch mit der Tradition, weil er den lebenerhaltenden Sinn der Gens, der Geschlechterabfolge von Familien, nicht mehr sieht. Die alten Geschlechter (in der Bibel wird das großartig und ausführlich dargestellt) hatten Gespür dafür, daß ein großer Teil ihrer Lebensaufgaben darin zu bestehen hatte, Glied in der Kette der Generationen zu sein, Fundus und Mosaikstein eines Gesamtbaus von Entwicklung, der sich zu einer Vollendung in der Zukunft zu steigern hatte.

Aus dieser sinnträchtigen Einstellung wuchs auch die Möglichkeit zum persönlichen Verzicht auf individuelle Lebenserfüllung; sie wurde der Gens – etwa durch eine befohlene, unliebsame Heirat – nur allzu oft geopfert, bewirkte dadurch aber psychische Reifung der also Gehorsamen.

Heute wird häufig so betont behauptet, die Frau sei früher grundsätzlich zu ihrem Unglück von den Männern unterdrückt worden. In mißbräuchlichen

Formen war das sicher so, aber durch Generationen hindurch ist die Frau auch von der Sippe, und zwar gerade durch deren Gehorsamsforderungen, in ihrem Einsatz für das Ganze *beschützt* worden – viel mehr, als sie, die sich heute selbst ent-schützt hat, sich das noch ausmalen kann! Die Frau ist heute in Gefahr, zu einem viel schlimmeren Ausbeutungsobjekt zu werden, als sie es je war. Sie ist in der Gefahr, ihre Seele zu verlieren und treibt sich selbstmörderisch immer mehr in solche Lebens- und Denkweisen hinein.

Wo aber die Einstellung der Frau als eine, die zu ihrem Gott spricht: »Es geschehe, wie Du gesagt hast!« stirbt, stirbt auch die Gens, hört Mutterschaft auf. Wir brauchen neue Ritter unter den Männern, die die Prinzessin, die man an das Ungeheuer Zeitgeist ausgeliefert hat, »heraushaut«, sie wieder auf sein Pferd nimmt und unter seinen Schutz stellt, dessen sie bedürftig bleibt, solange Kinder bei ihr aufwachsen sollen.

Probe in Liebe statt Probeehe

Die Probeehe scheint mir sowohl von solchen überpersönlichen wie auch häufig von persönlichen negativen Folgen her keineswegs eine allgemein empfehlenswerte, fortschrittliche Lebensform der Zukunft werden zu können.

Umsomehr bleibt die ernste Frage bestehen: Wie denn aber sollen die jungen Leute ihr Zusammenpassen oder Nichtzusammenpassen erproben?

Mir scheint, daß eine ein- bis zweijährige Verlobungszeit, in der man noch getrennt lebt, eine gute Möglichkeit ist. Man sollte sich in dieser Zeit soviel wie möglich sehen, soviel wie möglich sich gemeinsam Problemen und Aufgaben stellen, um zu erfahren, ob die Möglichkeit besteht, miteinander auszukommen.

Probe in Liebe ist ja nicht gleich Training in Coituspositionen. Probe in Liebe heißt Probe in Einfühlung, Respekt und Zucht, Erprobung in Opfer- und Vergebungsbereitschaft. Wer einen hohen geistig-seelischen Anspruch an sich, die Lebensgemeinschaft und den Partner stellt, sollte eine solche Zeit des Wartens nicht scheuen. Sie bedeutet heute nicht mehr Kleinbürgerlichkeit, sondern freiwillige Disziplinierung, wodurch – wie selbst die Erfahrungen mit jungen Menschen von heute zeigt – ein Mehr an Zukunftsglück zu verheißen ist.

III. Bilanzen der neuen Erfahrungen

Steuer und Ziel

Die Erfahrungen des letzten Jahrzehnts mit den veränderten Weisen des Zusammenlebens machen m. E. ein eindringliches Resumee möglich: Der außerordentlich viel größere Spielraum der Verhaltensweisen läßt eine Freiheit zu, die neu ein hohes Maß an Verantwortungsbewußtsein erfordert. Margaret Mead schreibt:

> »Einst war die Ehe ein Hafen, aus dem einige Paare mit vollen Segeln sicher ausfuhren, andere lagen darin vor Anker und verrosteten, noch andere erlitten Schiffbruch an der Küste. Heute ist sie eine Fahrt auf offenem Meer, ohne jeden Hafen im Hintergrund, und jeder der beiden Partner ist zu Wachsamkeit und tiefer Verantwortung verpflichtet, wenn das Schiff überhaupt flott bleiben soll. Jede Form der Ehe kann ihren Lohn und ihre Würde in sich tragen, wenn die Menschen sich nur entschließen, sie ihr zu verleihen.«*

* Margaret Mead: Mann und Weib, Hamburg 1958, S. 236

In der Tat: ein solcher bewußter Entschluß ist nötiger denn je, um dem Eheschiff heute überhaupt Steuerungsmöglichkeit zu verleihen. Ohne ein solches Steuer ist die Ehe hilflos den Stürmen des Lebens ausgeliefert und strandet meist rasch.

In Ergänzung zu Margaret Mead möchte ich aber hinzufügen: Das Steuer allein genügt nicht: Es ist auch ein Zielpunkt, es sind auch Orientierungsmarken unumgänglich, wenn Ehe die Aussicht auf Dauerhaftigkeit haben will. Wer beschließt, gemeinsam einen Lebensweg zu gehen, muß eine Vorstellung davon haben, wohin er will.

Ein Lebensziel

Viele Paare heute sehen in dieser Hinsicht nur Teilziele und halten sie für das Ganze: eine Wohnung einrichten, ein Haus bauen, einige Kinder aufziehen, die berufliche Karriere des Mannes oder auch ganz selten einmal die der Frau anstreben, wohlhabend werden.

Es ist gewiß wichtig, solche Pläne zu haben; aber aus ihrer Aufzählung geht schon ganz deutlich hervor: Diese Ziele sind alle zeitlich begrenzt, sie sind Etappen des Weges, niemals das eigentliche Endziel.

Aus dieser Aufzählung geht darüber hinaus hervor, daß selbst Einstimmigkeit in einem der Teilziele, die man für das Ganze nimmt, nicht genügt. Setzt man sich zum Beispiel zum Ziel, so viel Geld zusammenzutragen, daß man überhaupt nicht mehr zu arbeiten braucht, so wird man bald in der ehelichen Gemeinsamkeit merken, wie wenig diese Zielsetzung die Möglichkeit in sich schließt, dauerhaft miteinander glücklich zu sein. Die Erfahrung lehrt vielmehr, daß Überdruß, Depressionen und Übellaunigkeit zu regieren beginnen, wenn man versucht, über eine lange Zeit ohne jede Tätigkeit zu leben.

Gottes Geist Raum geben . . .

Wie kommt man denn nun aber zu einer Ausrichtung auf ein konstruktives Lebensziel – und was ist das überhaupt? Es läßt sich gewiß nur finden, wenn man sich vorher bewußt gemacht hat, daß unser Leben einen Sinn hat, daß nämlich – christlich gesprochen – jeder Mensch ein »Pfund«, eine Begabung, eine Art Vorschuß mitbekommen hat und daß es zu unserer Lebensaufgabe gehört, mit diesen »Pfunden« zu wuchern, die Begabungen auszubauen, sich um ihre Entfaltung und Verwirklichung zu bemühen.

Und zwar hat dies anscheinend auch nicht einfach um ihrer selbst willen zu geschehen, sondern die entfalteten Begabungen bilden das Gefäß, auf dessen Boden jeder auf seine Weise, jeder nach seinem Vermögen daran mitwirken soll, daß der Geist des Guten, der Liebe, der Vergebungsbereitschaft, der schöpferische Geist in der Welt wächst. Es lohnt sich für das eigene persönliche Leben, in klarer Zielsetzung mit auf dieses Ziel hinzuwirken.

Denn erstens gibt es auf diesem Weg in Hülle und Fülle zu tun, zweitens trägt eine solche Einstellung im persönlichen Bereich reiche Früchte, drittens bietet sie den einzigen, den wunderbarsten Schutz gegen die wilden Krisen unseres Schicksals, und viertens gibt sie, erhaben über jeden Vergleich mit anderen Möglichkeiten, die Chance für eine dauerhafte Lebenserfüllung in der Ehe; denn diese Einstellung bewirkt, daß man als Paar auf ein Ziel zugeht, das wie ein Berggipfel in der Ferne über einem steht und das man in gemeinsamer Wanderung zu erreichen sucht.

... ist die Voraussetzung für Glück

Man kreist nicht um sich selbst, um sich als einzelnen, aber auch nicht um sich als Paar, man hakt damit nicht in Eigensucht und Egoismus zu zweit fest, sondern hält den Blick gerichtet auf das überpersönliche Ziel: etwas beizutragen – gemeinsam das Bestmögliche beizutragen im Dienst an der Schöpfung, in der Arbeit für Gott. Deshalb ist die Ehe in der katholischen Kirche mit Recht ein Sakrament, eine Gemeinschaft für eine heilige Aufgabe. Und auch im Trauritual der evangelischen Kirche kommt das zum Ausdruck – dadurch, daß das Paar, auf den Altar gerichtet, den Segen empfängt –, daß hier nicht nur ein Vertrag zwischen zwei Menschen geschlossen wird, sondern der Bund eines Paares mit Gott.

Diese Gegebenheit klar im Bewußtsein zu haben und sich zu ihr zu bekennen, sich ihr zu unterstellen, ist das A und O, *die* entscheidende Voraussetzung und Gewähr für das Glück der Ehe.

Wir Menschen haben so viel Destruktives, so viel Suchthaft-Egoistisches, so viel gefährlich Wuchernd-Machtgieriges in uns, daß wir, wie gerade unsere Zeit beweist, kaum hinreichend gewappnet sind für unser Leben, wenn wir es einfach ohne

Überlegung und ohne eine klare Orientierung auf uns zukommen lassen.

Der neue Kurs

Wenn man seinen Partner liebt, erscheint es als das Einfachste von der Welt, ihm nur Gutes zu tun; aber der Alltag bringt uns Enttäuschungen aneinander, die natürlicherweise Aggressionen auslösen. Nur allzu leicht geraten wir dann ohne eine feste Marschrichtung in das Feld negativer Reaktionsformen. Nach dem Motto »Wie du mir, so ich dir« kommen wir unversehens in die Teufelskreise der Rachsucht. Machen wir uns deutlich, daß wir damit in direkter Weise dem Widersinn der Schöpfung dienen würden, so können wir klarer auch in Stunden des Verletztseins daran festhalten, das Gute leben zu wollen und deshalb auf Rache zu verzichten. Die Ausrichtung unseres Lebens auf Gott zu ist deshalb nicht nur die schönste Wahl, die wir treffen können, sondern, ganz nüchtern betrachtet, auch die, die am sichersten zu einer Erfüllung unseres Lebens kommen läßt.

Vermutlich ließe sich das heute schon statistisch absichern.

Und wir Modernen, die wir so sehr auf Absicherung durch Erfahrung bedacht sind, sollten nicht so dümmlich sein, diese wichtigste aller Regeln in den Wind zu schlagen. *Dieser* Kurs ist der richtige – auch wenn er unterwegs nicht immer ganz leicht einzuhalten ist. Alle Rezepte ohne diese Ausrichtung auf das erste und oberste Ehegebot müßten Stückwerk bleiben, alle Erörterungen über Chancen und Fallen auf dem Weg wären sonst müßig; denn dieses Gebot ist *eine* Variante des großen alten ersten Gebotes des Moses: »Ich bin der Herr, dein Gott, du sollst nicht andere Götter haben neben mir.«

Die falschen Götter

Dieses Gebot steht nicht nur an allem Anfang, es umfaßt unser ganzes Leben und gibt ihm seine Kraft. Nicht andere Götter haben, das bedeutet nämlich unter anderem auch, sich nicht der drängenden Kraft der vitalen Antriebe allein, sich nicht der Herrschsucht, der Besitzgier, der Bequemlichkeit, dem Egoismus, ausschließlich der Sexualität zu verschreiben. Die Anbetung all dieser falschen Götter führt in elende Sackgassen, die sich in bezug auf die Ehe besonders schädlich auswirken. Denn es gehört zur Struktur des Menschen, daß er unzufrieden und unglücklich wird, wenn er einseitig und verbohrt den »falschen Göttern« folgt, ohne die Warnungen seines Mißmuts als Signale zur Umkehr zu verstehen. Und es ist eine der Hauptursachen aller Ehetragödien, daß der eine die »Schuld« für sein Unglücklichsein jetzt dem anderen anzulasten sucht, wodurch alle Teufelskreise der Zerrüttung und Entfernung voneinander einsetzen. Wir können menschenwürdiges Leben, menschenwürdige Ehe nur im Geist Gottes vollziehen.

Gott ist größer als unser Herz

Klaus Hemmerle schreibt: »Was bedeutet ›Geist Gottes in uns?‹ . . . Daß wir nicht mehr aus uns leben, sondern daß wir aus einem Ursprung in uns leben, der tiefer inwendig ist als unser Innerstes . . . Der vom Geist Erfüllte ist sozusagen gesteigerte Identität mit sich, gesteigerte Persönlichkeit, aber ist zugleich jene Persönlichkeit, die die innere Endlichkeit herausgebrochen und sich geöffnet findet in die Ursprünglichkeit Gottes selbst hinein. In mir lebt ein Ursprung, der inwendiger ist, tiefer innen ist als mein Ich. In mir lebt Gott selbst, ich brauche nicht mehr aus dem kargen Vorrat, aus der kargen Ration meines eigenen Könnens und Mögens zu leben, sondern ich kann aus Gott selbst leben, der sein ganzes Ja und Du zu mir gesagt, der seine Liebe in mich ausgegossen hat. Um den Römerbrief zu zitieren: Dort wo die Bedrängnis, wo dies In-die-Enge-Kommen mir begegnet, bin ich nicht am Ende, sondern durch die Stufen der Geduld und der Bewährung wächst eben jene Hoffnung, die sich nicht mehr auf mich stützt, sondern darauf, daß in mir der Geist Gottes ausgegossen ist. Ich kann leben aus der Zukunft, denn diese Zukunft, die Gott selber ist, hat sich mir geschenkt. Ich kann von Gott her denken, ich kann von Gott die Dinge sehen, ich kann von Gott her meinem Nächsten begegnen: Gott in mir ist mächtiger als ich. Ich kann meine eigene Ohnmacht immer und immer wieder ihm überantworten.«

Diese Ohnmacht aber entmächtigt den Menschen nicht, führt das Paar nicht in die Resignation des eigenen Unvermögens und Versagens; denn durch den Kreuzestod Christi ist uns Vergebung dauerhaft verbrieft, können wir auf die unverbrüchliche Treue Gottes zählen, die den Menschen neu mit unzerstörbarer Geborgenheit beschenkt und sie befähigt, ihr Leben, ihre Ehe durchhaltend – und immer wieder neu – zu bestehen.

R. BROCKHAUS TASCHENBÜCHER

3	**Dennoch** v. C. ten Boom
4	**Und vergib uns unsere Schuld** v. B. Schmidt-Eller
6	**Eine von den Unbezwungenen** v. R. O. Latham
7	**Wie ich Christ wurde** v. O. Hallesby
13	**Vom Beten** v. O. Hallesby
17	**Friede mit Gott** v. B. Graham
23	**Auf der Suche nach Freiheit** v. A. Richter
29	**Prozeß gegen Gott** v. A. Richter
33	**O diese Gabriele** v. B. Schmidt-Eller
59	**Ich war ein Gangster** v. J. Vaus
65	**Meine Antwort** v. B. Graham
75	**Christliche Prophetie und Nuklearenergie** v. B. Philberth
91	**Jürnjakob Swehn** v. J. Gillhoff
108/109	**Doktor Ida** v. D. C. Wilson
117	**Naturwissenschaft, Weltbild, Glaube** v. H. Rohrbach
146/147	**Um Füße bat ich und er gab mir Flügel** v. D. C. Wilson
167	**Ein Mensch wagt zu lieben** v. J. H. Oldham
168	**Welt in Flammen** v. B. Graham
176	**Mutter Ditta** v. A. de Moor
177	**Marie Durand** v. E. E. Ronner
178/179	**Finger an Gottes Hand** v. D. C. Wilson
184	**Man lebt – fragt sich nur wozu?** v. K. Vollmer
187	**Sprechstunde für die Frau** v. E. Price
188	**Das normale Christenleben** v. W. Nee
191/192	**Darum werden wir nicht mutlos** v. D. C. Wilson
193	**In der Welt – nicht von der Welt** v. W. Nee
195	**Nachdenken – Umdenken – Neudenken** v. K. Vollmer
196	**Teenager-Probleme** v. K. Eickhoff
201	**Ich muß mit dir reden** v. K. Eickhoff
202	**Stationen** v. A. Richter
207	**Gestern war ich jung** v. A. de Moor
210	**Der größere Reichtum** v. G. Irwin
212	**Arzt am Himalaja** v. K. Anderson
215*	**Der feurige Elias** v. E. Hathaway
222	**Ich bin der Herr dein Arzt** v. H. C. Spurgeon
223	**Und das als Frau** v. D. C. Wilson
225	**Mit Jesus bis Sibirien** v. R. Weber
226	**Liebe dich selbst** v. W. Trobisch
229	**Deckname Sebastian** v. J. Johnson
230	**Was heißt das: Ich glaube** v. U. Betz
231**	**Christy** v. C. Marshall
232	**Gott wartet auf Antwort** v. P. Roth
233	**Die Last ist leicht** v. E. Price